AF321445

LES MERVEILLES DE L'ART,

BALLET,

QUI SERA DANSÉ

AU COLLEGE

DE LOUIS LE GRAND,

ET SERVIRA D'INTERMEDE

A LA TRAGÉDIE

DE SESOSTRIS,

POUR LA DISTRIBUTION DES PRIX,

Fondez par SA MAJESTÉ.

Le Mercredy, cinquiéme jour d'Août mil sept cent quarante-quatre, à midi précis.

A PARIS,

Chez THIBOUST, Imprimeur du ROY,
Place de Cambray.

____

M. DCCXLIV.

DESSEIN ET DIVISION DU BALLET.

LA Danse est elle-même une des merveilles de l'Art. C'est à lui qu'elle est redevable de cette richesse & de cette variété de Peintures mouvantes qu'elle présente aux yeux. Pourroit - elle refuser à sa gloire des talens qu'elle a reçus de lui. C'est donc pour s'acquitter d'un devoir de reconnoissance , qu'elle prend pour objet de ses figures, l'Art & ses merveilles ; mais comme il est impossible à l'Art lui-même de rassembler dans un portrait tout ce qu'il a de merveilleux, on s'est borné à ces quatre objets différens, qui feront les quatre Parties du Ballet.

    1°. L'Art imite les beautés de la Nature.
    2°. L'Art corrige les défauts de la Nature.
    3°. L'Art force les obstacles de la Nature.
    4°. L'Art surpasse les efforts de la Nature.

On a été obligé pour la commodité du Spectacle de transposer quelques Entrées, & de les tirer de leur ordre naturel.

OUVERTURE DU BALLET.

DES Hommes nouvellement sortis des mains de Prométhée apperçoivent avec étonnement ce vaste Univers qu'ils viennent habiter. La Nature assise sur un Thrône de gazon & environnée des Divinités champêtres, s'offre d'abord à leurs regards & fixe leur admiration ; l'Art vient à son tour disputer à sa rivale l'hommage des mortels, & c'est par le spectacle pompeux de ses merveilles, qu'il prétend s'assurer la victoire.

PREMIERE ENTRÉE.

LA NATURE, M. le Fevre.
DIVINITE'S DES EAUX, MM. Desplaces, de Montgeot, de la Porte, Gelez.
DIVINITE'S CHAMPESTRES, MM. Bouchet l'aîné, Bouchet cadet, Quinson, le Fevre.
PEUPLES, MM. de la Croix, Flaugergues 2, Cudeville, de Vougy, de Saint Paul, du Beignon, de Grinbri, Phelippe, Hidiard, Rua, Caffin, Flaugergues 1, de Corbelin, de la Fayette, de Vauducil, Duval, Bourgeois, le Boucher, Saunier, de Dassigny, de Canary, Rome, de Caumont, Passot, de Poedviniere, Chabanon, Bion, de Palacios, Poullain, Desnoyers, Gobert, Moizé, Lionnois, Desjardins, le Lievre, de Kersallo, la Riviere.
Dansera seul, M. le Fevre.
Danseront ensemble, MM. Moizé, le Lievre, Desjardins, Bourgeois, la Riviere, Saunier.

SECONDE ENTRÉE.

L'ART, M. Delpeche.
SUIVANS DE L'ART, MM. Dumay, Matignon, Montservin, Dupré, Hamoche, le Voir, la Feuillade l'aîné, de Vice.
PEUPLES, les mêmes qui ont paru à la premiere Entrée.
Dansera seul, M. Delpeche.

PREMIERE PARTIE.

L'ART IMITE LES BEAUTÉS DE LA NATURE.

La Nature préfente à notre admiration, 1°. des Beautés fimples & ruſtiques ;
2°. des Beautés nobles & gracieufes ; 3°. des Beautés terribles & majeſtueuſes.

I. ENTRÉE.

L'ART IMITE LES BEAUTÉS SIMPLES ET RUSTIQUES.

SEMIRAMIS forme le projet de raſſembler fur la cime de ſes Palais les beautés naïves que la Nature & le Printemps ont répandues fur la terre. Les preſtiges de l'Art font paroître tout à coup des prairies émaillées. L'Hiver & ſes frimats, jaloux de voir éclorre dans un ſol aride toutes les richéſſes du Printemps, viennent détruire les fleurs naiſſantes ; mais on ſe ſert de ces fleurs pour les enchaîner eux-mêmes, & l'Hiver eſt tout ſurpris de ſe voir métamorphoſé en Printemps.

SEMIRAMIS, M. de la Fayette.

SEIGNEURS DE LA COUR DE SEMIRAMIS, MM. Paſſot, de Daſſigny, de Corbelin, Flaugergues 1, de Grimbri, du Beignon, de Vougi, Phelippe, Flaugergues 2, de la Croix.

GENIE DE L'ART, M. de Palacios.   GENIE DU GOUT, M. Poullain.

SUITE DES DEUX GENIES, MM. de Kerſallo, la Riviere, Chabanon, Bion, de Poedviniere, de Vaudueil, Caffin.

L'HIVER, M. Duval.   LES VENTS ET LES FRIMATS, MM. le Boucher, Defnoyers, de Canary, Lionnois, de Caumont, Rome, Saunier, Moizé.

Danſeront ſeuls, MM. de la Fayette, de Corbelin, Gobert, de Vaudueil, Duval.

II. ENTRÉE.

L'ART IMITE LES BEAUTÉS TERRIBLES ET MAJESTUEUSES.

LA Nature n'a rien de plus terrible & de plus majeſtueux tout enſemble, que les éclats du Tonnerre, & que ces traces de feu qui l'annoncent. Salmonée fait briller aux yeux de ſes Courtiſans, des feux avant-coureurs d'un nouveau foudre. L'Elide retentit des éclats d'un tonnerre artificiel, l'orage creve, la flamme ſerpente au milieu des airs & attire au nouveau Jupiter les reſpects & l'admiration des peuples.

SALMONE'E, M. le Voir.

SEIGNEURS DE LA COUR DE SALMONE'E, MM. Montſervin, Dupré, Dumay, Matignon, de Vice, la Feuillade 1, Hamoche, Delpeche.

VENTS, MM. Bouchet 1, Bouchet 2, Quinſon, le Fevre.

ESPRITS DE FEU, MM. la Feuillade 2, Defplaces, Gelez, de Montgeot, Thibeaudeau, Billon, de la Porte.   *Danſera ſeul*, M. le Voir.

III. ENTRÉE.

L'ART IMITE LES BEAUTÉS NOBLES ET GRACIEUSES.

LA Sculpture & la Peinture rivales de la Nature, & rivales l'une de l'autre, ſe diſputent entre elles à qui imitera le mieux ces beautés nobles & gracieuſes que la Nature a ſçu répandre ſur le viſage de l'Homme. La Peinture pour donner une idée des beautés gracieuſes, repréſente par l'aſſortiment de ſes couleurs, MONSEIGNEUR LE DAUPHIN. La Sculpture pour exprimer les beautés nobles, fait naître ſous le cizeau, les traits de notre Auguſte MONARQUE. La Renommée ſe charge de faire voir à toute l'Europe ces deux Chef-d'œuvres de l'Art.

GENIE DE LA PEINTURE, M. de Vougy.

ACTEURS REPRESENTANS LES DIFFERENTES COULEURS DE LA PEINTURE, MM. de la Croix, Flaugergues 2. du Beignon, Caffin, Phelippe, de Saint Paul, de la Fayette.

GENIE DE LA SCULPTURE, M. de Caumont.

SUITE DU GENIE DE LA SCULPTURE, MM. Flaugergues 1. de Daſſigny, de Poedviniere, de Vaudueil, Rome, de Canary, de Corbelin, des Jardins.

SCULPTEURS ET PEINTRES APPRENTIS, MM. Paſſot, Bourgeois, le Lievre, Cudeville.

LA RENOMME'E, M. Poullain.

SUIVANS DE LA RENOMME'E, MM. Chabanon, Bion, de Palacios, le Boucher, de Kerſallo, la Riviere, Saunier, Lionnois, Defnoyers, Gobert.

Danſera ſeul, M. Flaugergues 1.   *Danſeront ſeuls*, MM. de Vougi ; de Daſſigny, Rome, Poullain.

SECONDE PARTIE.

L'ART CORRIGE LES DÉFAUTS DE LA NATURE.

1°. L'Art déguise les défauts de la Nature ; 2°. l'Art guérit les défauts de la Nature ; 3°. l'Art profite des défauts de la Nature & les tourne en beautés.

I. ENTRÉE.

L'ART DÉGUISE LES DÉFAUTS DE LA NATURE.

DES Vieillards, à qui l'âge a dépouillé la tête & affoibli la vüe, se trouvent exposés aux insultes d'une jeunesse folâtre qui profite du bandeau que la nature leur a mis sur les yeux, pour faire avec eux un espéce de Colin-Maillard. Des Merciers viennent à propos présenter aux Vieillards outragés, des yeux artificiels, qui en leur épurant la vüe, font disparoître les rieurs. Pour achever de les rajeunir, l'Art leur fournit encore des chevelures étrangeres, & des miroirs pour contempler leurs graces renaissantes.

VIEILLARDS, MM. de Palacios, Poullain, le Boucher, Rome, Desnoyers, Gobert, la Riviere, de Kersallo, de Vaudueil, de Pordyiniere.

JEUNES GENS, MM. Chabanon, Bion, Duval, Bourgeois, de la Croix, Flaugergues 2, de Vougi, Caffin, de la Fayette, de Corbelin.

MERCIERS, MM. de Canary, de Caumont, Passot, Flaugergues 1, de Dassigny, Saunier, Moizé, Lionnois.

PERRUQUIERS, MM. Phelippe, du Beignon, Rua, de Grinbri, Cudeville, de Saint Paul, Desjardins, le Lievre.

Danseront seuls, MM. Caffin, de la Croix.

Danseront ensemble, MM. Bion, Chabanon.

II. ENTRÉE.

L'ART CORRIGE LES DÉFAUTS DE LA NATURE ET LES TOURNE EN BEAUTÉS.

ESCHYLE & ARISTOPHANE transportent sur la Scene les passions & les ridicules des hommes. Ces défauts naturels présentés aux yeux des Spectateurs, deviennent par le charme de l'imitation une source de beautés elles-mêmes inimitables. Les deux Rivaux font à l'envi un essai de leur Art. Eschyle évoque des Enfers les Ombres ennemies d'Etheocle & de Polinice, & dans deux freres victimes de leur jalouse fureur, peint les attentats de la haine & de la vengeance. Aristophane introduit des Pantomimes qui font rire les Spectateurs aux dépens de leurs propres défauts.

ESCHYLE, M. la Feuillade l'aîné.   ARISTOPHANE, M. de Vice.

ETEOCLE, M. Matignon.   POLINICE, M. Montservin.

PRINCES GRECS VENUS AU SECOURS DES FRERES ENNEMIS, MM. le Voir, Hamoche, Dupré, Dumay.

COMBATANS, MM. Gelez, Desplaces, Billon, Thibeaudeau, la Feuillade 2, de Montgeot, Denize, de la Porte.

PANTOMIME. L'ORGUEIL PUNI.

ACTEURS DE LA PANTOMIME.

NATIONS DIFFERENTES, MM. le Fevre, Nicolle, Bouchet 1, Bouchet 2, Oger.

PAGODE, M. Joset.   ESCLAVE BOUFFON, M. Quinson.   MAGICIEN, M. le Marié.

Danseront seuls, MM. la Feuillade 1, de Vice.

III. ENTRÉE.

L'ART GUÉRIT LES DÉFAUTS DE LA NATURE.

DES Malades paroissent en tremblant, & expriment par la différence de leurs attitudes celle de leurs maux. Ils invoquent la mort ; les Parques se présentent pour exaucer leurs vœux. Les Malades effrayés retrouvent dans leurs membres perclus assez de force pour s'enfuir. Esculape & sa suite arrivent sur la Scene, forcent la troupe infernale d'abandonner sa proye, & appliquent aux malades rassurés la vertu toute-puissante de leur Art.

MALADES, MM. de Canary, de Caumont, de Dassigny, Rome, Passot, Flaugergues 1, Rua, du Beignon, Phelippe, de Saint Paul.   PARQUES, MM. de Corbelin, de Vaudueil, de la Fayette.

FURIES, MM. de la Croix, Flaugergues 2, de Vougi, Caffin, de Grinbri, Hidiard.

ESCULAPE ET SA SUITE, MM. de Kersallo, la Riviere, de Palacios, Poullain, le Boucher, Lionnois, Desjardins.

EMPIRIQUES, MM. Bion, Chabanon, Desnoyers, Gobert, Saunier, Duval, Bourgeois, Moizé.

Dansera seul, M. Desnoyers.

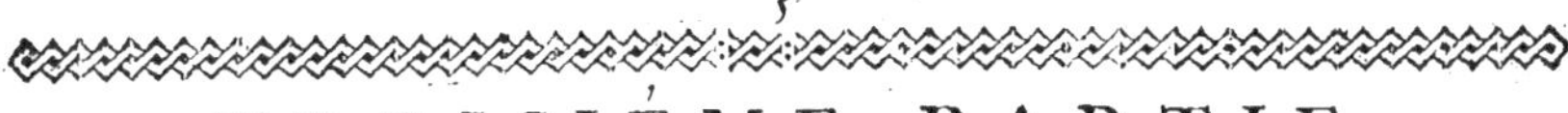

TROISIÉME PARTIE.
L'ART FORCE LES OBSTACLES DE LA NATURE.
I. ENTRÉE.
L'ART ENCHAINE LA MER.

JASON à la tête de ses Braves, part pour la conquête de la Toison d'Or. Neptune, les Tritons & les Vents se liguent ensemble, & obligent les Argonautes de céder pour un temps à l'effort de la Tempête. L'Art des Matelots vient au secours des Guerriers, ils enchaînent Neptune & les Tritons, ils emprisonnent les Vents, & les forcent de concourir eux-mêmes à l'expédition.

JASON, M. Poullain.　ARGONAUTES, MM. de Palacios, Desnoyers, le Boucher, de Caumont, Rome, de Dassigny, Passot, de Poedviniere, de Kersallo, la Riviere.　MINERVE, M. Desjardins.
MATELOTS, MM. Chabanon, Bion, Gobert, Lionnois, de Vaudueil, Bourgeois, Saunier, Moizé, Flaugergnes 1, de Corbelin, le Lievre, Duval.　NEPTUNE, M. de Canary.
TRITONS, MM. de la Croix, Flaugergues 2, de la Fayette, Phelippe.
VENTS ORAGEUX, MM. de Vougi, du Beignon, de Saint Paul, Cudeville, Hidiard, de Grinbri.

Dansera seul, M. Flaugergues 2.
Danseront seuls, MM. le Boucher, de Poedviniere, du Beignon, de Canary, Bion.

II. ENTRÉE.
L'ART OUVRE LE SEIN DE LA TERRE.

CERÉS & ses Laboureurs, Bacchus & ses Vendangeurs, forcent la Terre à leur livrer les trésors que la Nature avare avoit enfermés dans son sein, & viennent en triomphe faire l'étalage des dépouilles qu'ils lui ont enlevées. Plutus paroît à son tour, & fait briller le précieux métail qu'il vient d'arracher aux entrailles de la Terre. Vignerons & Laboureurs charmés de son éclat, offrent en échange leurs richesses ; on s'accorde de part & d'autre, & Bacchus fournit le Vin du marché.

LABOUREURS, MM. Gelez, Desplaces, Billon, la Feuillade 2 , de Montgeor, de Nize, de la Porte, le Voir.
BACCHUS, M. Quinton.
VENDANGEURS, M. Bouchet 1, Bouchet 2, le Fevre, Thibeaudeau.
Dansera seul, M. le Voir.
PLUTUS, M. Montfervin.
SUIVANS DE PLUTUS, M. Matignon, Hamoche, la Feuillade 1 , de Vice, Delpeche.

Dansera seul, M. Montfervin.

III. ENTRÉE.
L'ART ESCALADE LE CIEL.

DEDALE obligé de chercher un azile à la Cour de Minos, pour payer l'accueil favorable du Prince & des sujets, construit le fameux Labyrinthe, l'un des Chefd'œuvres de l'Art ; mais bien-tôt il a le malheur d'encourir l'indignation de son bienfaiteur. On lui donne pour prison l'édifice merveilleux, son propre ouvrage ; son génie l'y accompagne, & lui trace pour s'enfuir une route encor plus merveilleuse ; pendant qu'on insulte à sa disgrace, il s'éleve tout-à-coup, fuit dans les airs & disparoît.

DEDALE, M. Chabanon.
TRAVAILLEURS qui construisent le Labyrinthe sous la direction de DEDALE, MM. de Palacios, Poullain, Desnoyers, le Boucher, de Caumont, Cobert, Passot, Rome, la Riviere Desjardins.
MINOS, M. Bion.　SEIGNEURS DE LA COUR, MM. de Kersallo, Lionnois, Duval, Bourgeois, de Poedviniere, de Vaudreil, Saunier, Moizé, de Canary, de Dassigny.
CAPITAINE DES GARDES DU ROY, qui viennent saisir DEDALE, & l'enferment dans le Labyrinthe, M. de la Fayette.　GARDES, MM. de Corbelin, Flaugergues 1, Phelippe, Rua, Cudeville, de Saint Paul, de Vougy, Flaugergues 2, Caffin, la Croix.

Danseront seuls, MM. Passot, Chabanon.
Danseront ensemble, MM. Passot, de Kersallo.

QUATRIÉME PARTIE.

L'ART SURPASSE LES EFFORTS DE LA NATURE.

I. ENTRÉE.

L'ART ENCHÉRIT SUR LES OUVRAGES DE LA NATURE.

DES Peuples déja défendus par la fituation des lieux , pour fe mettre plus à couvert des infultes de l'Ennemi , ajoûtent les Ouvrages de l'Art à ceux de la Nature. Les Baftions s'elevent, & préfentent aux Afliégeans une barriére infurmontable ; mais ceux-ci oppofent l'Art à lui-même , & l'appellent à leur tour au fecours de la valeur. On ouvre la Tranchée , on fait les approches, on emporte fucceffivement les dehors de la Place , qui fe voit enfin réduite à battre la Chamade.

ASSIEGE'S, MM. de Corbelin , Flaugergnes 1 , Phelippe , Rua , Cudeville , de Saint-Paul , de Vougi , Flaugergues 2 , du Beignon , de Grinbri , de la Croix , Caffin.
INGENIEURS, MM. de Caumont , Rome , de Canaty , de Dafligny , de la Fayette , Desjardins.
ASSIEGEANS, MM. Poullain , de Palacios , Gobert , Defnoyers , Paffot , de Poedviniere , de Kerfallo , Lionnois , le Boucher , Saunier. TRAVAILLEURS DES ASSIEGEANS, MM. Chabanon , Bion , Moizé , le Lievre , Duval , Bourgeois , la Riviere , de Vauducil.
Danferont feuls, MM. de Palacios , de Corbelin , de Poedviniere , Caffin , Lionnois.

II. ENTRÉE.

L'ART ENCHÉRIT SUR LES SECRETS DE LA NATURE.

La Nature avoit enfeigné aux hommes l'admirable fecret de fe communiquer leurs penfées par le fon de la voix. L'Art va plus loin. Il ordonne à Vulcain de fondre des caracteres parlans qui tranfmettent aux fiecles futurs le nom & les actions des Heros. Pour donner un effai & un chef-d'œuvre tout à la fois , il trace en caracteres ineffaçables l'augufte nom de notre grand MONARQUE. Des Peuples de toutes les Nations viennent partager leur admiration entre l'invention merveilleufe, & le Heros qu'elle immortalife.

MINERVE, M. du Perou.
FORGERONS, MM. Bouchet 1 , Bouchet 2 , Thibeaudeau , le Fevre.
IMPRIMEURS, MM. Defplaces , Billon , la Feuillade 2 , de Montgeot , Denize , Gelez.
PEUPLES, MM. la Feuillade 1 , Montfervin , Dupré , de Vice , Delpeche , Quinfon , le Voir , Matignon.
Danfera feul, M. Matignon.

III. ENTRÉE.

L'ART ENCHÉRIT SUR LES JEUX DE LA NATURE.

Des Jeunes-Gens n'ayant que la Nature pour guide , expriment par des danfes naïves , mais irrégulieres, les tranfports d'une joye vive & folâtre. Des Maîtres habiles viennent polir ce que la Nature n'avoit fait qu'ébaucher. Ils forment fucceffivement leurs Eleves aux différens caracteres de la Danfe , communiquent à tous leurs mouvemens de la juftefle & de la régularité , & leur donnent ces graces naturelles , qui doivent d'autant plus à l'Art qu'elles paroiffent tenir plus de la Nature.

MAISTRES DE DANSE, MM. Chabanon , Bion , Defnoyers , Gobert.
ECOLIERS, MM. du Beignon , Phelippe , Rua , de Grinbri , de la Croix , Flaugergues 2 , de Saint Paul , Cudeville , de Vaudueil , de Corbelin , le Boucher , de Caumont , Rome , de Canaty , Flaugergues 1 , de Dafligny , de Kerfallo , Lionnois , Paffot , Desjardins , le Lievre , Moizé , Caffin , de Vougi , Bourgeois , Duval , la Riviere , Saunier.
Danferont feuls, MM. de Caumont , de Kerfallo.
Danferont enfemble, MM. Duval , Bourgeois , Chabanon , Bion.

BALLET GÉNÉRAL.

CHARMÉS des Merveilles que l'Art vient d'étaler à leurs yeux, les hommes s'empreſſent de lui rendre l'hommage de leur admiration. Quelques-uns ſont d'avis qu'on enchaîne à ſon Char de Triomphe la Nature ſoumiſe, pour ſervir d'ornement à ſa victoire. Les plus modérés opinent à unir enſemble l'Art & la Nature, & ſe promettent les plus heureux fruits d'une ſi belle union.

Danſeront les mêmes qu'à l'Ouverture.

Dira le Prologue du Ballet,

JEAN-JOSEPH DE POEDVINIERE, *de Paris.*

Fermera le Théâtre par l'Eloge du ROY,

VINCENT DE PALACIOS, *de Madrid.*

NOMS DES DANSEURS.

MESSIEURS,

BERNARD ROME,	*de Paris.*
CLAUDE-JOSEPH PASSOT,	*de Paris.*
JEAN-BAPTISTE DE CAUMONT,	*d'Abbeville.*
JEAN-JOSEPH DE POEDVINIERE,	*de Paris.*
MICHEL-PAUL-GUY CHABANON,	*de Saint-Domingue.*
VINCENT DE PALACIOS,	*de Madrid.*
ANTOINE-HYACINTHE KERPAEN DE KERSALLO,	*d'Hennebont.*
ETIENNE FLAUGERGUES,	*de Montpellier.*
GASPARD POULLAIN,	*de Caïenne.*
JEAN-FRANÇOIS DE VAUDUEIL,	*de Paris.*
PIERRE-MARIE SANS DE CANARY,	*de Saint-Domingue.*
MICHEL DE LA FAYETTE,	*d'Auvergne.*
MARC-ANTOINE LE BOUCHER,	*de Saint-Domingue.*
PAUL BION,	*de Saint-Domingue.*
ANTOINE-LEONARD-JOSEPH DE CORBELIN,	*de Bourgogne.*
JACQUES-ANTOINE DE LA CROIX,	*de Paris.*
CHARLES-JOSEPH-ETIENNE LESPAGNOL DE GRINBRI,	*de l'Isle.*
CLEMENT-NICOLAS-LEON PHELIPPE,	*de Paris.*
ETIENNE-LOUIS DU BEIGNON,	*de la Rochelle.*
JEAN-BAPTISTE CUDEVILLE,	*de Paris.*
JEAN-LOUIS DE VOUGI,	*de Roüanne*
JEAN-CLAUDE CAFFIN,	*de Paris.*
NICOLAS-FLORENTIN DE DASSIGNY,	*de Saint-Domingue.*
PIERRE-JEAN FLAUGERGUES,	*de Montpellier.*
STANISLAS DE SAINT-PAUL,	*de Roüen.*
FRANÇOIS RUA,	*de Marseille.*

Les danses font de la composition de M. MALTER l'aîné.